AF277044

Ovidio

Cómo conquistar
a una mujer

Ovidio

Cómo conquistar
a una mujer

[*Arte de amar*, libros I-II]

**Traducción de
Iván López Martín**

© Los secretos de Diotima

© Guillermo Escolar Editor SL
  Avda. Ntra. Sra. de Fátima 38 5°B
  28047 Madrid
© De la traducción, Iván López Martín

ISBN: 978-84-19782-84-7

DEPÓSITO LEGAL: M-24166-2024

Impreso en España / Printed in Spain

LIBRO I

Si hubiera alguien entre el público que no conociera el arte de amar, que lea mi obra, y ya docto tras haber leído el poema, que ame. Las veloces naves, a vela y a remo, se mueven gracias al arte y la técnica, igual los ligeros carros: gracias al arte debe ser también gobernado Amor. Automedonte era apto para manejar los carros y sus flexibles riendas; Tifis era el timonel en la nave hemonia; a mí Venus me puso por delante del resto como maestro en el arte del tierno Amor. Se dirá que yo soy el Tifis y el Automedonte del Amor.

Él es fiero, sin duda, y a menudo me planta cara, pero es un muchacho de tierna e idónea edad para ser gobernado. Quirón enseñó a tocar la cítara al pequeño Aquiles y con dulce arte domó los fieros ánimos; quien tantas veces aterrorizó a sus aliados, quien tantas a sus enemigos, se cree que se estremecía de miedo ante aquel añoso anciano. Si lo pedía el maestro, Aquiles ofrecía, dóciles, a los golpes de vara aquellas manos que Héctor después iba a sufrir. Igual que Quirón de Aquiles, yo soy el preceptor del Amor: los dos son niños crueles, los dos son nacidos de diosa. Sin embargo, igual que la cerviz del toro se ve cargada con el peso del arado y los frenos pulen el diente del desbocado caballo, así también el Amor cederá ante mí, aunque hiera mi pecho con su arco y agite sus antorchas arrojadas contra mí. Cuanto el Amor me lacere con sus flechas, cuanto más me abrase y de forma aún más violenta, tanto mejor me alzaré como el vengador de todo lo que me haya hecho.

Y yo no miento, Febo, si digo que me has otorgado dichas artes; ningún ave me advierte con su etérea voz, ni han venido a verme Clío y sus hermanas cuando guardaba el rebaño por tus valles, Ascra. Esta obra la mueve mi experiencia; obedeced al ducho vate; cantaré cosas ciertas: apadrina, madre del Amor, mi obra. Que lejos queden las tenues cintas, símbolo del pudor, y también tú, larga banda que cubres las piernas hasta la mitad: nosotros cantaremos a una segura Venus y a unas autorizadas aventuras, y no habrá ningún delito en mi poema.

En primer lugar, afánate en encontrar lo que deseas amar, tú que vienes ahora como un soldado que por vez primera se viste con las armas. El siguiente paso será conquistar a la muchacha que te gusta; después, que el amor dure mucho tiempo. Estos son los objetivos, este es el campo que mi carro marcará con una señal, esta rueda será la que debe tocar la meta.

Mientras te lo puedas permitir y por todas partes marches a rienda suelta, escoge a la que quieras decir: «Solamente tú me gustas». Ella no vendrá ante ti como caída por las dulces brisas: eres tú, y tus ojos, quienes deben buscar a la muchacha más apta. Sabe bien el cazador dónde extender las redes a los ciervos, sabe bien en qué lugar del valle mora el violento jabalí. Los apasionados de las aves conocen las ramas, quien sostiene el anzuelo conoce en qué aguas nadan los bancos de peces. Tú también, que buscas la esencia para el largo amor, aprende antes qué lugares frecuentan las muchachas. Al que está en busca y captura no ordenaré yo que entregue sus velas al viento, y tampoco tú debes cubrir un largo trecho para encontrar lo que buscas. Que no te importe que Perseo trajera consigo a Andrómeda desde las regiones indias, de tez oscura, ni que el varón frigio, Paris, haya raptado a Helena, la joven griega: Roma te ofrecerá tantas muchachas hermosas que acabarás diciendo: «Esta ciudad tiene todo lo que ha existido en el orbe». Cuantas simientes produce Gárgaro, cuantos racimos tiene Metimna, cuantos peces se ocultan en el ponto, cuantas aves en el frondoso bosque, cuantas estrellas tiene el cielo, en tal cantidad tu Roma tiene muchachas: la madre de Eneas se ha establecido en la ciudad de su hijo.

Si te cautiva la manceba edad y todavía en los años de crecimiento, delante de tus ojos vendrá una bella muchacha; si deseas a una joven, te gustarán mil jóvenes: no sabrás a cuál de todas escoger; si, en cambio, te encandila alguien más mayor y con más experiencia, también este regimiento, créeme, estará bien nutrido.

Tú solamente pasea con parsimonia bajo la sombra del pórtico de Pompeyo, cuando el sol llegue a la espalda del león de Hércules, o donde la madre añade sus regalos a los regalos de su hijo, obra rica por el mármol venido de lejos. Tampoco evites el pórtico decorado con antiguos cuadros que lleva el nombre de su autor, Livia, ni por donde las atrevidas nietas de Belo preparan la muerte de sus desgraciados primos, y se alza el fiero padre espada en mano; ni tampoco pases por alto a Adonis, llorado por Venus, ni los sagrados cultos del séptimo día del judío sirio, ni rehúyas el templo menfítico de la ternera vestida de lino: ella hace a muchas lo que ella misma fue para Júpiter. Y convienen a Amor los foros –¿puedes creerlo?–, y la llama amorosa a menudo tuvo su origen en el bullicioso foro, donde la Apíade, pasado el templo de Venus labrado con mármol, golpea los aires con sus sueltas aguas. En aquel lugar, a menudo, el jurisconsulto fue cautivado por Amor: quien cuidó de otros no cuida ahora de sí mismo. Allí con frecuencia le faltan las palabras al diserto, y llegan nuevas causas, y se debe defender en su litigio. Venus desde su templo, que está cerca, se ríe del abogado: quien fue patrono, ahora desea ser cliente.

Pero tú sobre todo ve a cazar a los curvos teatros: aquellos lugares son los más fructíferos para tu voto. Allí hallarás a quien amar, con quien poder jugar, a quien una sola vez tocarás y también a quien deseas poseer. Igual que vienen y van con frecuencia las hormigas en larga fila, cuando transportan en su boca portadora de grano el alimento diario, o igual que las abejas después de descubrir flores y campos de su gusto vuelan entre las flores y las matas de tomillo, así también corre la más elegante de las mujeres a los concurridos juegos: a menudo la abundancia fue la causa que retrasó mi elección. Llegan para contemplar, llegan para que las contemplen: aquel lugar causa daños al casto pudor.

Fuiste tú el primero, Rómulo, quien organizó unos solícitos juegos cuando el rapto de las Sabinas insufló de gozo a los viudos varones. Entonces todavía no pendían los toldos del marmóreo teatro, ni habían sido los púlpitos manchados con azafranado líquido; allí hubo escena sin arte, formado por aquellas ramas que habían sido traídas de los bosques palatinos y simplemente allí colocadas; en el graderío hecho de césped se sentó el pueblo, y cubrían sus hirsutas cabelleras con cualquier rama. Vuelven la mirada y señalan con sus ojos a la muchacha que cada uno quiere para sí y en su callado pecho traman muchos planes; y mientras, ofreciendo la flauta etrusca una ruda sinfonía, por tres veces golpea el suelo con el pie, allanado para los juegos, en medio del aplauso –entonces los aplausos carecían de artimañas– el rey dio al pueblo la anhelada señal para la rapiña. Al instante, confesando su sentir con el griterío, se abalanzan y echan mano, deseosos, a las vírgenes. Igual que las palomas huyen de las águilas, la más temerosa de las bandadas, y como la tierna cordera huye de los lobos que acaba de ver, así también ellas temieron a los varones que corrían sin ley: el color que antes traían en sus rostros quedó completamente demudado. Uno solo era el temor, pero no era uno el rostro del temor: unas se mesan la cabellera, otras se sientan sin poder reaccionar; una se calla, desdichada, otra llama en vano a su madre; esta se queja, aquella se queda atónita; esta se queda, aquella huye. Se llevan a las muchachas raptadas, botín nupcial, y el mismo temor pudo hacer bellas a muchas. Si alguna plantaba cara en demasía y se negaba a la compañía varonil, el varón mismo la alzaba y así le decía, sosteniéndola en sus apasionados brazos: «¿Por qué manchas tus tiernos ojos con lágrimas? Lo que tu padre es para tu madre, eso seré para ti». Rómulo, tú solo supiste dar placeres a los soldados; si me dieras estos placeres, seré soldado. Cierto es que desde aquel solemne acto ahora también los teatros permanecen como lugar de conquista para las bellas damas.

Tampoco rehúyas la carrera de nobles caballos: el Circo, capaz de albergar al pueblo, tiene muchos placeres. No es necesario hacer señales con los dedos para contar secretos, ni debes dar anuencia con la cabeza a cualquier nota que te hicieran llegar. Cuando llegues, lo primero que debes hacer, si nadie te lo prohíbe, es sentarte a la vera de tu señora; pega tu costado al suyo todo lo que puedas. Y hazlo bien: obliga a juntarte, aunque no quieras, por la estrechez, de modo que por imperativo del lugar debas tocar a la muchacha. Entonces busca un tema para charlar de forma amistosa y que las palabras genéricas muevan a la primera conversación. Pregunta, afanosamente, de quién son los caballos que van tan rápido, y sin demora, ¡apoya, cualquiera que sea, al equipo que ella apoye! Y cuando la concurrida procesión marche con las estatuas de los dioses de marfil, tú aplaude con fervorosa mano a tu señora Venus; y como suele suceder, si cayera, por casualidad, algo de polvo en el regazo de la muchacha, debes quitárselo con los dedos; y aunque no hubiera nada de polvo, igualmente sacúdeselo: cualquier motivo puede ser bueno para mostrar tu caballerosidad. Si el palio cayera demasiado y tocara el suelo, recógeselo y levántalo deprisa de la envilecida tierra. Al instante, como pago a tu caballerosidad, con el permiso de la muchacha, podrán tus ojos ver sus piernas dignas de contemplación.

Vuelve después la vista, no fuera que el que se sentara detrás de vosotros oprimiera con su rodilla la suave espalda de tu señora. Los pequeños gestos cautivan los más livianos ánimos: fue útil para muchos recomponer el cojín con diestra mano; le vino bien también con la tablilla agitar ligera brisa y ofrecer bajo su tierno pie un cóncavo escabel. El Circo te ofrecerá estas oportunidades para un nuevo amor, e igualmente la afligida arena esparcida por el solícito foro. A menudo en aquella arena ha luchado el hijo de Venus, y quien vio las heridas también las tiene. Mientras habla, toca su mano y pide un programa y busca que venza uno de los dos púgiles, y gimió después de forma cruel, sintió la volátil flecha y él mismo fue parte del espectáculo que se contemplaba.

¿Y qué sucedió cuando César opuso, en una especie de batalla naval, las naves persas con las Cecropias? Por supuesto, jóvenes venidos de uno y otro mar, e igualmente muchachas, lo presenciaron, y una gran parte del orbe estuvo en la Urbe. ¿Quién no encontró en la multitud a quién amar? ¡Ay, cuánto sufrimiento causó a muchos el amor venido de lejos!

He aquí que el César se prepara para ser el señor de lo que falta del orbe: ahora, remoto Oriente, serás nuestro. Sufrirás el castigo, parto: alegraos, Craso y los sepultados, y vosotros, estandartes, que sufristeis horrorosamente las manos bárbaras. Ya está aquí vuestro vengador, y confiesa que será general desde sus primeros años; siendo un muchacho, maneja las guerras como no deberían hacerlo los muchachos. Dejad, temerosos, de contar los cumpleaños de los dioses: a los Césares la virtud llegó antes de tiempo. Se alza un ingenio celestial más veloz que sus años y lleva mal los daños de un indolente retraso. Pequeño era cuando oprimió con sus dos manos Hércules a las dos serpientes y digno de Júpiter era ya en la misma cuna; ahora también tú que eres un niño, Baco, ¡cuán grande fuiste, cuando la India vencida temió tus tirsos! Con los auspicios y los ánimos de tu padre, muchacho, moverás las armas y vencerás con los mismos auspicios y valor que tu padre. Bajo tan gran nombre debes tal rudimento, ahora príncipe de los jóvenes, después de los mayores. Y como tienes hermanos, venga a tus ofendidos hermanos, y como tienes padre, vela por los derechos del padre. Tu padre, y también el de la patria, te invistió con las armas: el enemigo arrebata los reinos contra la voluntad de tu padre. Tú llevarás pías lanzas, él criminales flechas: se alzará delante de tus señales el derecho y la piedad. Se venció a los partos con causas razonables, venzámosles también con las armas: que mi general añada las riquezas orientales al Lacio. Padre Marte y padre César, dad vuestro apoyo al marchante; de vosotros uno es un dios, el otro lo acabará siendo. Esto te auguro: vencerás, y yo lo verteré en mis votivos poemas y deberás sonar en mi boca con gran arte. Te pararás y animarás al ejército con mis palabras: ¡oh, que no falten mis palabras en tu gallardía! Cantaré la huida de los partos y los pechos valerosos romanos y sus lanzas, armas que arroja el enemigo desde el girado caballo. Tú que huyes para vencer, parto, ¿qué dejarás al vencido? Parto, tu Marte tiene ya un mal augurio. Llegará el día en que tú, el más bello de todos, marcharás dorado en un carro de cuatro níveos caballos; marcharán delante los generales, cargados sus cuellos con cadenas, para que no puedan, como antes, darse, seguros, a la fuga.

Los jóvenes contemplarán contentos y mezclándose con las muchachas este espectáculo, y aquel día hinchará los ánimos de todos. Y cuando alguna quisiera saber los nombres de aquellos reyes, qué lugares, qué montes o qué aguas portan, responde a todo, y aunque tampoco te lo pregunte, y aunque no lo supieras, cuéntaselo como si fuera algo que supieras a las mil maravillas. Este es el Eúfrates, ceñida la frente con cañas; al que le cuelgan cerúleos cabellos será el Tigris; aquellos serán Armenios, esta es la Persia danaea, esa ciudad estuvo en los valles aquemenios; aquellos otros son generales. Te vendrán los nombres que sean: si puedes, los de verdad, si no, al menos que suenen adecuados.

También dan oportunidad los banquetes con las mesas ya dispuestas: se puede, además del vino, encontrar allí lo que buscas. A menudo en estos banquetes el purpúreo Amor oprimió con sus tiernos brazos los cuernos de Baco que estaban a la mesa. Y cuando los vinos han rociado las bebedoras alas de Cupido, permanece el dios allí y, adormilado, se queda, cautivado, en aquel lugar. Aquel sacude velozmente las plumas húmedas, aunque daña también el pecho estas sacudidas del Amor. El vino prepara los ánimos y los convierte en aptos para las pasiones: la preocupación huye lejos y se diluye con el abundante vino. Entonces acuden las risas, entonces el timorato coge el toro por los cuernos, y el dolor, las angustias y las arrugas de la frente se marchan: la naturalidad, tan escasa y extraña en nuestra época, abre entonces las mentes desplegando el dios todas las artes. Allí con frecuencia las muchachas cautivaron los ánimos de los jóvenes, Venus estuvo allí y en los vinos fue fuego añadido al fuego. No creas demasiado a la falaz lucerna: la noche y el abundante vino dañan el juicio de la belleza. Miró Paris a las diosas con luz y a cielo abierto cuando dijo: «Vences a ambas, Venus». En la noche se ocultan las faltas y pasa desapercibido cualquier vicio, y la oscura hora hace hermosa a cualquier mujer. Consulta siempre de día las piedras preciosas, la lana teñida de múrice y, sobre todo, el rostro y el cuerpo femenino.

¿Cómo te voy a listar los lugares más aptos para la caza, donde se reúnen las mujeres? La arena de la playa resulta ínfima a mi número. ¿Qué voy a decir de Bayas, de las costas que la rodean, y de las que exhuma agua cálida y sulfurosa?

De aquí alguien, llevando una herida en el corazón, dijo: «No era, como dice la Fama, esta ola saludable». He aquí el templo en mitad del bosque de Diana, próximo a la ciudad, y los reinos conquistados con las espadas empuñadas en nociva mano. Ella, aunque es virgen, aunque odia las flechas de Cupido, provocó muchas heridas al pueblo, y muchas ocasionará en el futuro.

Hasta ahora, te ha llevado Talía en sus desiguales ruedas por donde elegir lo que amar, donde poner las redes. Ahora me toca decirte la esencia del arte principal: por medio de qué artes debes capturar a la que te atrajo. Quienquiera que seáis, varones, haced dóciles vuestras mentes y, público favorecedor, prestad atención a mis promesas.

Lo primero de todo debe ser que la confianza se apodere de tu cuerpo: puedes cautivar a todas; las cautivarás, tú solamente tiende tus redes. En verdad antes callarán los pájaros en primavera, las cigarras en verano, el perro Menalio dará su espalda a la liebre que una mujer plante cara al joven que la tiente con dulzura: querrá incluso la que podrías pensar que no quiere. La furtiva Venus es grata igual al hombre y a la muchacha: el hombre lo encubre mal, ella desea de forma más encubierta. Convenga a los varones que nosotros no roguemos antes: que la mujer, ya vencida, adopte el papel de suplicante. En los delicados prados la hembra muge al toro, la yegua siempre relincha al caballo de córneo pie. En nosotros es más suave y no tan violenta la libido: la llama viril tiene un legítimo límite. ¿Qué voy a decir de Biblis, que ardió por un amor prohibido hacia su hermano y se vengó valientemente colgándose (nefando decirlo)? Mirra amó a su padre, pero no con el amor filial que se debe, y ahora se oculta oprimida por una corteza que la cubre. Con sus lágrimas, que vierte olores por el árbol, nos perfumamos, y la gota mantiene el nombre de su señora.

Bajo los umbrosos valles del bosque de Ida había casualmente un toro blanco, gloria del rebaño, entre cuyos cuernos una tenue mancha negra mancillaba su rostro: solamente esa marca, el resto del cuerpo era blanco como la leche. Las terneras de Cnoso y Cidón desearon sostenerlo sobre su lomo. Contentaban a Pasífae los posibles adulterios con el fiero toro; odiaba, envidiosa, a las bellas vacas. Canto cosas conocidas: no puedes, Creta, la de cien ciudades, negar esto, aunque seas de natural mendaz. Se cuenta que ella misma cortaba, desacostumbrada, con su mano nuevas ramas y la más tierna hierba del prado. Marcha, compañera, con el rebaño, y la preocupación por su marido no la hace, dispuesta, aminorar su paso; Minos había sido vencido por el toro. ¿Para qué, Pasífae, ponerte preciosas vestiduras? Tu adulterio no requiere de ninguna riqueza. ¿Para qué preocuparte del espejo en los montaraces rebaños? ¿Para qué arreglas, inepta, tantas veces tu bien dispuesta cabellera? Cree, con todo, en el espejo, porque niega que tú seas vaca: ¡cuánto desearías que te crecieran cuernos en la frente! Si Minos te gusta, no busques amante: si prefieres engañar a tu hombre, engáñale con otro hombre. Hacia los bosques y sotos se cuenta que va la reina tras abandonar el tálamo, cual Bacante golpeada por el dios Aonio. Cuántas veces miró con torva mirada a la vaca y dijo: «¿Por qué gusta esta a mi señor? Mira de qué manera, delante de él, se revuelca en la fresca hierba y no dudo de que ella, tonta, se considera decente». Así dijo y ordenó que esta res fuera sacada del gran rebaño y arrastrada, sin merecerlo, bajo el curvo yugo, y obligó a que cayera delante de los altares con señalados rituales y sostuvo, contenta, en su mano las entrañas de la concubina. Cuántas veces aplacó a los dioses con las matanzas de rivales y dijo sosteniendo sus vísceras: «Marchad y disfrutad de lo mío». Y a veces pide convertirse en Europa, a veces pide en Ío, una porque era vaca, la otra porque fue transportada por un toro. Al final, el general del rebaño la llenó, engañado por una vaca de madera, y en el parto se reveló quién era el padre.

Si se hubiera abstenido la cretense del amor de Tiestes –¡cuánto sacrificio supone poder gustar de un solo hombre!–, Febo no habría roto en mitad su camino y con el carro dado la vuelta habría llegado con sus caballos girados a la Aurora. La hija de Niso, robando los purpúreos cabellos, oprime en su pubis perros rabiosos, y también en sus ingles. Quien huyó por tierra de Marte y por mar de Neptuno fue víctima cruel, el Atrida, de su mujer. ¿Quién no lloró la llama de Creúsa de Éfira, y la madre salpicada de sangre por la muerte de sus hijos? Lloró Fénix el Amintórida por los inanes ojos: vosotros, caballos asustados, destrozasteis a Hipólito. ¿Por qué razón, Fineo, sacas los ojos a tus hijos, que no lo merecen? Aquel castigo tiene que volver sobre tu cabeza.

Todas estas turbaciones son producto de la libido femenina. Es más violenta que la nuestra y tiene mayor locura. Venga, no dudes en esperar a todas las muchachas: apenas habrá una, de muchas, que a ti te niegue. Las que dan, las que niegan, con todo se alegran de ser rondadas. Aunque te defrauden, sus rechazos no tienen consecuencias. Pero ¿por qué te vas a engañar, cuando la pasión trae una nueva también grata y cautivan más los ánimos las cosas ajenas que las propias? La mies resulta más fértil siempre en campos ajenos y el ganado vecino tiene ubres más abundantes.

Procura, antes de nada, conocer a la esclava de la muchacha que quieres conquistar: ella hará más muelle el acercamiento. Comprueba cuán cerca está ella de los consejos de su señora, y que no sea una persona poco fiel conocedora de tus tácitos juegos. Hazle promesas, corrómpela con tus súplicas: lo que buscas, fácilmente, si ella quiere, lo traerá. Ella elegirá el momento idóneo –los médicos también esperan a los momentos oportunos para administrar las medicinas– para que la mente de la señora se abra y se muestre receptiva para ser capturada. Su mente será apta para la conquista cuando sea la más alegre de todas, igual que la simiente se hará abundante en pingüe suelo. Mientras los corazones se complacen y no están afligidos de dolor, ellos solos se abren: Venus entra así con suave arte. Entonces, cuando estaba afligido, Ilio se defendió con las armas; contenta recibe al caballo grávido de soldados. También debe ser rondada cuando se duela de un amante que la ha dañado: prometerás tus desvelos para que no quede sin vengar. La sierva, mesando por la mañana sus cabellos, incitará a tu muchacha; así, añade la vela a la fuerza de los remos y dirá para sí, en tenue murmullo, como entre suspiros: «Pero, creo, que no podrás corresponderle». Entonces le hablará de ti, entonces cargará palabras portadoras de persuasión y jurará que se muere por un loco amor. Pero apresúrate, no caigan las velas y disminuyan las brisas: igual que frágil hielo, así la tardanza mata la pasión. ¿Quieres saber si favorece violar a la doncella? El azar resulta relevante en tales asuntos. Alguna se vuelve más cuidadosa desde la unión, otra más cachazuda; la primera te prepara cual regalo a su señora, la segunda, a sí misma. La casualidad tiene un papel fundamental en el éxito: aunque sea indulgente con tus atrevimientos, mi consejo es que te abstengas de unirte a la sierva. Yo no marcho a través de escarpados y agudos montes, y ninguno de los jóvenes, siendo yo su general, será capturado. Si, con todo, ella te gusta mientras da y recibe las tablillas con su cuerpo, no tanto por su solicitud, primero tendrás que conquistar a su señora, y ella después caerá cual aliada. No debes iniciar el Amor por la sierva. Esto solo te aconsejo, si de alguna manera crees en mi arte y el rapaz viento no diluye mis palabras en el mar: ¡o no lo intentes o culmínalo! Se disipa la marca cuando a la vez ella misma es parte del delito. No huye el ave provechosamente con sus alas empapadas, no escapa el jabalí bien de las amplias redes; que el pez se vea preso del anzuelo que lo ha cogido: acosa hasta el agotamiento a la que pretendes y no te marches hasta que la consigas. Pero oculta bien tus acciones: si se encubre bien la señal, siempre la amiga acudirá a tu llamada.

Se engaña quien considera que solamente los marineros y los agricultores, trabajadores del campo, son los únicos que deben atender al tiempo. Y no siempre Ceres debe confiarse a los falaces campos, y no siempre la cóncava nave al verdoso ponto, ni seguro debes pensar que vas a encandilar a las tiernas muchachas: con mucha frecuencia tu conquista se llevará a término teniendo en cuenta el momento oportuno. Ya se celebre su cumpleaños o sean las calendas en las que Venus sucede a Marte, ya el Circo esté adornado, no como estuvo antes, con estatuillas de barro, sino que tendrá dispuestas las riquezas de los reyes, ¡aplaza tu empresa!; entonces el desconsolado invierno, entonces las Pléyades están ya de camino, entonces el Cabrito se sumerge en las pónticas aguas; entonces bien está pararse; entonces, si alguien se echó a alta mar, apenas sostuvo los náufragos miembros de la lacerada nave. Aunque tú comiences en el momento en que la Alia, que merece lágrimas, con sanguinolenta luz estuvo mancillada a causa de las heridas de los latinos, en aquel día convierten en menos aptas para las grandes empresas las festividades del séptimo día para el sirio de Palestina.

Repara con gran superstición en el cumpleaños de tu querida, que no sea un día negro aquel en el que debes regalarle algo. Aunque procures evitarlo con éxito en la conversación, ella, tarde o temprano, lo traerá a colación: atina la mujer con la artimaña que arranque las riquezas de su deseoso amante. Un mercader, desceñido el mandil, llegará ante tu amada, que anhela compras, y expondrá sus mercancías mientras estás sentado; observarás los objetos con ella para saber si entiendes de ellos, y te reclamará algo: te dará un beso y después te pedirá que le compres alguna joya. Jurará ante ti que con eso estará contenta y satisfecha durante muchos años: dirá que ahora lo necesita, que ahora debes comprarlo. Si te excusas diciendo que no tienes en casa tantas monedas, te pedirá una letra –maldecirás el día que aprendiste a escribir–. ¿Y qué pasa cuando pida regalos en su cumpleaños, prepare comida y, cuantas veces sea necesario, alegue que ella ha nacido para su propio beneficio? ¿Y qué pasa cuando llora, la más digna de lástima, por un daño falaz y finge que se la ha caído una piedra preciosa de su oreja? Piden muchas cosas en préstamo que luego no quieren devolver. No tengo diez bocas con sus diez lenguas para conseguir contar todas las sacrílegas artimañas de las meretrices.

Que la cera tiente, esparcida por las tablillas rasas, el vado; que la cera sea, primero, la conocedora de tu sentir; que ella porte tus ternuras e imite las palabras del enamorado; y quienquiera que seas, no seas parco, añade súplicas. Aquiles entregó el cadáver de Héctor a Príamo movido por la súplica: el encolerizado dios se dobla ante la voz del suplicante. Haz promesas, ¿qué te daña, pues, el prometer? Quienquiera puede ser rico en promesas. La Esperanza se sostiene en el tiempo, una vez que se le ha creído: aunque es una diosa falaz, sin embargo, es apta para tus deseos. Si hubieras regalado algo, podrás ser abandonado con razón: se llevará lo entregado y no perderá nada. Pero lo que no hubieras entregado, que parezca siempre que se lo vas a dar: así el estéril campo engañó a menudo a su señor. De esta forma, para no perder, el jugador no deja de perder, y a menudo el azar revoca sus deseosas manos con el dado. Este es el objetivo, este el trabajo, unirte a ella sin haber regalado nada: para que no te dé gratis lo que te dio, hasta te lo dará. Así pues, venga, llena tu carta con suaves palabras, que tantee los ánimos y tiente ella primero el camino. Una carta grabada en una manzana engañó a Cidipe y, desconocedora, la muchacha quedó cautiva de sus palabras.

Aprende las buenas artes de la elocuencia, te lo aconsejo, juventud romana, y no solamente para defender a los temerosos reos. Igual que el pueblo, el riguroso juez y el elegido Senado, así la muchacha, vencida, te entregará su mano cautiva por tu facundia. Pero oculta las fuerzas, y no seas diserto de cara a los demás, que huyan tus voces de las molestas palabras. ¿Quién, a no ser el estúpido, declama delante de su tierna muchacha? Con mucha frecuencia una carta fue motivo de odio. Que tu discurso sea creíble y con palabras acostumbradas al oído, escrito con cariño, que parezca que hablas estando allí a su vera. Si no recibiera tu escrito y lo remitiera sin leer, espera a que lo lea y resiste firme en tu objetivo.

Con tiempo los indomables juvencos toleran el arado, con tiempo los sufridores caballos aprenden los frenos flexibles, el férreo anillo se consume con el continuado uso, la curvada reja fallece por el continuo desgaste con el suelo; ¿qué hay más duro que una roca, qué más maleable que el agua? No obstante, las duras rocas se erosionan con la maleable agua. Con el tiempo, si insistes, vencerás incluso a la mismísima Penélope: ves cómo se ha tomado Pérgamo, con tiempo, sí, pero al final se ha capturado. Si lo ha leído y no quiere responderte, no quieras obligarla: tú solamente haz que lea varias veces tus lindezas. Quien quiso leer querrá contestar a lo leído: esas situaciones culminarán después de numerosos pasos. Quizá también al principio te llegue una apenada carta y ella pida que no la busques más; teme lo que ella pide; sobre lo que no pide, desea que tú insistas; continúa y verás al poco cumplido tu deseo.

Entretanto, si ella es transportada tumbada en su litera, disimuladamente ve al lecho de tu señora, que nadie ponga sus odiosas orejas a tus palabras; cuanto puedas, guarda tu ternura con ambiguas señales. Ya sea que ella pasea con sus desocupados pies por el espacioso pórtico, aquí tú también únete con aliadas tardanzas, y haz que a veces la precedas y que otras la sigas por detrás, que en ocasiones te apresures y en otras marches lento. Y que el pudor no te haga caminar con unas columnas entre medias, o tu costado siga a su costado, y que sin ti se siente, bellísima, en el curvo teatro: ella te ofrecerá sus hombros para que los mires. La mirarás, te estará permitido asombrarte de ella, dirás muchas cosas con las cejas, y otras muchas con otras anuencias; aplaudirás a alguna muchacha mientras salta el actor, y aplaude a quienquiera que haga de amante. Cuando se levante, te levantas; mientras ella esté sentada, tú estarás sentado; deja pasar el tiempo según el arbitrio de tu señora.

No rices la cabellera con el hierro, ni con mordaz piedra pómez depiles tus piernas. Que estas cosas las hagan quienes cantan a la madre Cibeles ululando con ritmos frigios. Conviene a los hombres una belleza abandonada: Teseo se llevó a la Minoida sin adornarse las sienes con una horquilla; Fedra amó a Hipólito y no se cuidaba este de su figura; la angustia de la diosa Venus era Adonis, apto para la vida silvestre. Por la limpieza gusten vuestros cuerpos, que se pongan morenos en el Campo de Marte, que marchen adecuadamente y con la toga sin máculas. Que la lengua no esté rígida, que los dientes carezcan de sarro, y no nade tu pie en la sandalia suelta, ni una mala tonsura deforme tus cabellos con rizos; que la cabellera y la hirsuta barba la haga una experta mano. Y nada sobresalgan las uñas y llévalas sin manchas, y que no se te salga ningún pelo de la nariz, ni huela mal el aliento de tu hedionda boca, ni que el semental y padre del rebaño ultraje el olfato. Que todo lo demás lo hagan las lascivas muchachas –y también aquellos hombres que quisieran tener a otro hombre–.

He aquí que Líber llama a su vate: este también ayuda a los amantes y a la llama en la que él mismo se quema. La de Cnosos, loca, vagaba por las desconocidas arenas de la playa en la que la pequeña Día es herida por el proceloso ponto. Tal y como se despertó del sueño, con la túnica cubierta desceñida, desnuda de pies, sin arreglar su azafranada cabellera, clamaba contra el cruel Teseo ante las sordas olas, y con indigna lluvia regaba sus tiernas mejillas. Clamaba y lloraba a la vez, pero ambas la hacían más bella, sus lágrimas no la afeaban. Golpeándose de nuevo con sus palmas su tiernísimo pecho, dice: «Pérfido el que se marchó, ¿qué será de mí?»; «¿Qué será de mí?» dice: sonaron los címbalos por toda la costa y panderetas golpeadas con la mano. Ella se cae al suelo por el miedo y detuvo sus últimas palabras; no había sangre en su exánime cuerpo. He aquí a las Mimalónides con los cabellos esparcidos por la espalda, he aquí los ligeros Sátiros, compañía que abre la pompa del dios Baco: he aquí, ebrio, el viejo Sileno –apenas se puede sentar en un encorvado asno y sujeta con arte las agarradas crines–. Mientras sigue a las Bacantes, las Bacantes huyen y lo buscan, y mientras urgía a su cuadrúpedo con la vara, mal jinete, cayó de cabeza resbalado del orejudo asno; los Sátiros exclamaron: «¡Levántate, venga, levántate, padre!». Ya el dios, en el carro que había cubierto hasta los topes con uvas, soltaba las doradas riendas de los uncidos tigres. El color, Teseo, y la voz abandonaron a la muchacha, por tres veces buscó la huida y por tres veces fue retenida por el miedo. Se horrorizó igual que las estériles espigas agitadas por el viento, y tembló como la leve caña en la húmeda laguna. El dios se dirige a ella y le dice: «Ea, aquí estoy, para ti amor más fiel. Depón tu miedo; serás, Cnosia, mujer de Baco. Ten por dote el cielo, te mirarán cual estrella en el cielo; a menudo dirigirás, Corona cretense, la errante nave». Dijo y, para que ella no

tuviera miedo de los tigres, bajó del carro
–la arena cedió ante el pie puesto en tierra– y la elevó con sus brazos –ella, bien
lo sabéis, apenas podía resistirse–: tarea
sencilla es para un dios poder todo. De
una parte cantan «¡Himeneo!», de otra
claman «¡Evión, Evoe!». Y así se unen
en nupcias el dios y Ariadna en el sagrado
lecho.

Cuando te toquen los regalos de Baco,
puestos en la mesa, y haya una mujer como
compañera en el lecho contiguo, ruega
al padre Nictelio y a los ritos nocturnos
para que los vinos no te embriaguen en
demasía. Aquí te estará permitido contar muchas cosas alegres con ambiguos
discursos, palabras que la amada sentirá
que se dicen para ella; podrás también
inscribir gráciles ternuras con el ligero
vino, de modo tal que ella pueda leer en
la mesa que es tu señora, y contémplala
con ojos que confiesen ardor amoroso;
con frecuencia callando el rostro muestra las palabras y la voz. Sé el primero en
arrebatar las copas tocadas por sus labios,
bebe por la parte por la que la muchacha

bebe, y cualquier comida que ella haya libado con sus dedos, tú dirígete a ella, y mientras vas a ella, que su mano te toque. También haz votos para gustar al acompañante de tu muchacha, será más útil para vosotros que se convierta en vuestro amigo. Si por suerte bebes, concede a este beber primero; que se entregue a este la corona enviada a tu cabeza. Ya sea igual o inferior a ti, que lo coja todo antes que tú, y no dudes en dirigirle benévolas palabras. Es una vía segura y concurrida engañar a través del nombre de amigo; aunque sea una vía segura y concurrida, tiene delito. De igual forma el administrador también gestiona muchísimas cosas y considera que, bajo su mandato, debe tener más.

Te daré la medida segura para beber: que tu mente y tus pies presten su oficio. Ten cuidado de los rifirrafes a los que el vino estimula y detén las manos dispuestas a fieras guerras. Murió Euritión de forma estúpida tras haberle dado vino para beber; es más apta la mesa y el vino para la dulce broma. Si tienes voz,

¡canta!; si tienes gráciles brazos, ¡baila! Gusta con cualquier cosa con la que puedas gustar. Igual que la embriaguez verdadera es nociva, así también ayudará la fingida; haz que tu lengua doliente titubee con entrecortado sonido, de forma tal que cualquier cosa que hagas o digas, más inclinado para adelante de lo normal, se crea que la causa fue el exceso de vino. Y di: «¡Que le vaya bien a mi dueña!, ¡que le vaya bien con quien ella duerma!», pero, por dentro, suplica: «¡Que le vaya mal a ese hombre!». Cuando se retiren las mesas y marchen los invitados, la misma turba te dará la oportunidad para aproximarte a ella. Métete dentro de la turba y levemente, yendo a su encuentro, prueba a tocar su costado con los dedos y toca su pie con el tuyo.

Llega el momento de hablar; huye lejos, rústico pudor, el Azar y Venus ayudan al atrevido. No llegará tu elocuencia bajo nuestras leyes; haz por desear, por ti mismo te harás diserto. Debes representar el papel de amado y dejar entrever heridas en tus palabras; esta confianza para con ella debes buscarla con cualquier artimaña. No es arduo llegar a creer, cualquiera se considera digna de ser amada; aunque sea muy fea, a nadie le disgusta su propia figura. A menudo, sin embargo, el fingidor comenzó a enamorarse de verdad; a menudo, lo que había fingido al comienzo, se acabó convirtiendo en cierto y seguro. ¡Cuánto más, oh muchachas, seáis serviciales para los fingidores! Se convertirá en verdadero el Amor que antes había sido falso.

Ahora será el momento de tomar furtivamente el espíritu de tu amada con ternezas, de igual forma que la pendiente ribera se ve hendida por la corriente de agua. Y no te dé pereza elogiar su rostro, sus cabellos, sus preciosos dedos y su estrecho pie. Gusta también a las castas la alabanza de su hermosura; a las vírgenes preocupa su forma y les resulta grata. Pues ¿por qué en los bosques frigios a Juno y a Palas les avergonzó, incluso ahora, no ser vencedoras del juicio de Paris? El ave de Juno muestra sus elogiadas plumas; si miras callado, ella esconderá sus riquezas.

En las carreras les agradan a los cuadrúpedos las palmadas en el cuello y las crines bien peinadas.

No seas parco o tímido en promesas: las promesas atraen a las muchachas. Añade en tu promesa a los dioses como testigos. Júpiter se ríe del perjurio de los amantes desde lo alto y ordena que los eolios Notos se lleven esas promesas sin valor. Júpiter solía jurar en falso ante Juno por la laguna Estigia; ahora él mismo aplaude su ejemplo. Encaja que haya dioses y, como encaja, consideramos que existen; que se dispense mucho vino e incienso a los antiguos altares. Y no los detendrá una segura tranquilidad similar al sopor; vivid sin dañar, el dios os asistirá. Devolved lo confiado, la piedad guardará sus pactos; que se marche el fraude, mantened las manos libres de sangrientas matanzas. Burlaos, si sabéis, solamente de las muchachas de forma impune: en esta ocasión es menor la confianza que el engaño que debe temerse. Engañad a las que engañan; son una especie deshonrosa; que caigan en los lazos que ellas mismas pusieron. Se cuenta que en Egipto los campos carecían de lluvias que los ayudaran y hubo nueve años de sequía cuando Frasio presenta a Busiris y muestra que puede hacer piadoso a Júpiter con el derramamiento de la sangre del extranjero. A este Busiris le dice: «Te convertirás en la primera víctima de Júpiter y tu darás, extranjero, agua a Egipto». Y Fálaris abrasó los miembros al violento Perilo en un toro; el autor, infeliz, manchó su obra. Ambos fueron justos, y, bien lo sabéis, no hay ley más igualitaria que los artífices de la muerte mueran con su propia arte. Por tanto, que engañen a las perjuras con un merecido perjurio, que la mujer, dañada con su práctica, se duela de ello.

Las lágrimas pueden ayudar, moverás el duro diamante con lágrimas; haz que vea tus mejillas húmedas, si puedes. Si te faltaran lágrimas —bien es cierto que no siempre llegan en el momento adecuado–, toca la mejilla con la mano humedecida. ¿Quién, a no ser el sabio, no aunará besos con sentimentales palabras? Aunque ella no los dé, tómalos tú de la que no te lo da. Al principio te plantará batalla, y quizás te suelte algún «¡pervertido!»; sin embargo, ella quiere, guerreando, ser vencida. En particular, no dañes con un mal rapto sus tiernos labios y procura que no pueda quejarse diciendo que fueron crueles y duros.

Quien ha tomado besos, si no toma también lo demás, será digno de perder incluso lo que le han concedido. ¡Cuánto habría faltado después de los besos para ver cumplido tu deseo! ¡Ay de mí!, eso no fue pudor, fue falta de destreza. Aunque lo llames violencia, esta fuerza resulta grata a las muchachas; lo que les gusta, a menudo quieren darlo en contra de su voluntad. Cualquiera que ha sufrido una violación en un arrebato de pasión se alegra y tiene esa desvergüenza como un regalo. Pero aquella que se retira sin ser tocada, cuando pudo ser obligada, aunque simule alegría en su rostro, sin embargo, estará dolida. Febe sufrió una violación y su hermana también, pero ambos raptores fueron gratos a las raptadas.

Una historia conocida, pero no por ello menos digna de ser contada, es la unión de la muchacha de Esciros, Deidamía, con el varón Hemonio, Aquiles. Ya la diosa había dado los prometidos premios, diosa que fue digna de vencer a las otras dos por su elogiosa figura a los pies del Ida; ya la nuera, desde otro país, había llegado ante Príamo, y la esposa griega ya estaba en las murallas ilíacas. Juraban todos en defensa del mancillado marido, pues el dolor de uno fue causa pública argiva. Vergonzosamente, a no ser porque esto lo había realizado bajo las súplicas de su madre, Aquiles había disimulado su figura varonil con una larga túnica femenina. ¿Qué haces, Eácida? No son las lanas tus dones; tú buscas títulos en el otro arte de Palas. ¿Qué te importan los canastos? Tu mano es apta para portar el escudo. ¿Cómo es que sostienes en tu diestra, con la que caerá Héctor, un ovillo de lana? Deshazte de esos husos ceñidos con el trabajoso hilo; esa tu mano debe sostener el hasta del Pelión. Por fortuna estaba en el tálamo de aquel hombre la princesa; ella averiguó con la violación que aquel era un varón. Deidamía fue vencida por sus fuerzas –así conviene creerlo–, pero quiso ella, con todo, ser vencida por la fuerza. A menudo dijo, cuando ya Aquiles se marchaba, «¡quédate!»; había tomado las valerosas armas, ya sin rueca. ¿Dónde está ahora aquella violencia? ¿Por qué retrasas con dulce voz al autor de tu estupro, Deidamía?

Sin duda, igual que es pudoroso que ella comience primero, resulta grato aguantar cuando empieza él. ¡Ah! Muchísima confianza hay en el joven que, por su propia figura, si alguien lo mira, piensa que ella le rogará primero. Que se acerque el hombre primero, que el hombre diga primero palabras suplicantes, que ella reciba con dulzura las tiernas preces. Pide poseerla; tan solo ella desea ser suplicada; da la causa y el inicio de tu deseo. Júpiter marcha, suplicante, ante las viejas heroidas; ninguna muchacha sedujo al gran Júpiter. Si, con todo, sientes que por las súplicas crece su egolatría, detén lo intentado y vuelve sobre tus pasos. Muchas desean lo que rehúye, y odian lo que apremia; evita los tedios instándola de forma más suave. Y no siempre debe confesar su pasión el que suplica; que entre el amor oculto bajo el nombre de amistad. Con esta entrada vi palabras entregadas de una dura muchacha; quien había sido su amigo, se había convertido en su amante.

Resulta feo el color blanco en el marinero; debe, a causa de las olas del ponto y de los rayos del sol, tener la tez negra; igual de feo resulta en el agricultor, quien siempre bajo Júpiter remueve la tierra con el curvado arado y los pesados rastrillos; y tú, que buscas la fama de la corona paladia, serás feo si tienes el cuerpo blanco. Que palidezcan todos los amantes; este es el color apto para el amante, este conviene; consideran que no está sano con ese rostro. Pálido erraba Orión por los bosques debido a Side, pálido estaba Dafnis por amar a la huidiza Náyade. Que también tu delgadez hable de tu ánimo, y no consideres feo colocarte un palio pequeño en tu brillante cabellera. Las noches en vela, la preocupación y el dolor que surgen por un gran amor adelgazan los cuerpos de los jóvenes. Ten un aspecto miserable para que puedas poseer tu deseo, para que quien te vea pueda decir: «¡Está preso de amor!».

¿Te hablaré o te persuadiré de que está mezclado todo, lo lícito y lo ilícito? Es la amistad un nombre, un nombre inane de fidelidad. ¡Ay de mí!, no es seguro elogiar lo que amas al colega; cuando creyó tus alabanzas, él mismo ocupa tu lugar. «Pero no temió el Actórida el lecho de Aquiles; en cuanto a Pirítoo, Fedra fue casta. Pílades amaba a Hermíone, con una pasión similar Febo a Palas, y lo mismo era para ti el gemelo Cástor, Tindárea». Pues si alguien tiene esperanzas en esto, que espere que las manzanas broten de tamarices y que busque miel en medio del río. Nada gusta a no ser lo deshonesto; cada uno tiene sus deseos y preocupaciones; también lo grato para uno deviene en dolor de otro. ¡Ay, crimen cruel! No debe el amante temer al enemigo; huye de quienes consideras fieles, estarás así seguro. Cuídate de tu cuñado, tu hermano o tu querido colega; esta turba te proporcionará verdaderos miedos.

Iba a poner fin a mi escrito, pero son diversos los ánimos de las muchachas: somete esos mil corazones de mil formas distintas. La tierra no da todos los frutos, pues una conviene a las vides, esta a las aceitunas, aquella reverdece bien las mieses. Tantas costumbres hay en los corazones como figuras en el mundo; quien sabe será apto para esos innumerables caracteres, como Proteo atenuará en ocasiones en leves ondas, ahora en león, ahora en árbol, ahora será un hirsuto jabalí. Estos peces se toman con anzuelo, estos con arpón, a otros los arrastran las cóncavas redes con la tirante cuerda. No te convendrá una sola manera para todas las edades; una vieja cierva verá las asechanzas desde lejos. Si parecieras docto ante la paleta y petulante ante la vergonzosa, al punto tu querida perderá, desdichada, la fe en sí misma. Así sucede que aquella que temió entregarse a un honesto varón marcha a los brazos de un vil inferior.

Todavía falta una parte de lo comenzado, pero mi primera misión está ya finiquitada; que la arrojada ancla detenga aquí nuestra nave.

LIBRO II

Decid «io, Peán», repetidlo dos veces, «io, Peán», vuestro preciado botín cayó en mis redes. El amante, contento, gratificará mis poemas con una verde palma, entregados delante de Ascra y del viejo Meonio. Tal huésped descendiente de Príamo dio las blancas velas desde la armífera Amiclas con una esposa raptada; tal era quien te llevaba en vencedor carro, Hipodamía, transportada en ruedas extranjeras. ¿Por qué te apresuras, joven? Tu pequeño navío de pino navega en mitad del oleaje y lejos está el puerto al que me dirijo. No es suficiente, para mí como vate, hacerte llegar a tu muchacha; la has tomado con mi arte, con mi arte has de conservarla. Y no es menor virtud y hazaña conservar lo conseguido que buscar lo anhelado. Allí está el azar, esto será obra de arte.

Ahora favorecedme, muchacho y Citerea, si en algún momento fuisteis favorables; ahora tú también, Erato, pues contienes el nombre del amor. Me preparo para grandes empresas: contar por medio de qué artes puede permanecer Amor, ese muchacho que vaga sin cesar por el vasto orbe. Es ligero y tiene dobles alas con las que revolotea; difícil es ponerles freno.

Minos había cerrado todo a la huida de su huésped; aquel encontró una vía audaz a través de las alas. Dédalo, como confinó al producto concebido por el crimen de Pasífae, al varón semitoro y al toro semivarón, dijo: «Que sea el fin de mi exilio, Minos, el más justo de los varones, y la tierra paterna reciba mis cenizas, y, puesto que agitado por inicuos hados no pude vivir en la patria, dame la oportunidad de morir. Devuélveme a mi hijo, si es vil tal gracia para un viejo; si no quieres perdonar al muchacho, perdona, al menos, al viejo». Había dicho esto, pero, aunque decía esta y otras muchas otras cosas, aquel no le agraciaba con el regreso. Como muy pronto sintió que no lo iba a conceder, dijo: «Ahora, ahora, oh Dédalo, tienes la materia con la que eres ingenioso. Minos posee las tierras y posee los mares; no se abre la tierra ni la ola a nuestra huida. Queda el camino del cielo; por el cielo intentaremos marchar. Perdona, egregio Júpiter, mi intento. No me atrevo a tocar las mansiones celestiales; no hay otra vía, salvo esta, por donde huiré de Minos. Si a través de la Estigia tuviera abierta huida, atravesaría las olas estigias; me toca revolucionar las leyes de la naturaleza». A menudo las espinosas condiciones mueven el ingenio: ¿quién creería alguna vez que el hombre pudiera tomar los caminos aéreos? Remo de pájaros, dispone en orden las plumas y su ligera obra une por medio de lazos de lino; suelda la parte inferior con fuego gracias a la cera derretida, y así termina la labor de la nueva técnica. El muchacho manejaba la cera y las plumas con una sonrisa en la faz, desconocedor de que esas armas estaban destinadas a sus hom-

bros. El padre se dirige en tales térmi-
nos: «Con estos navíos debemos abandonar esta tierra, con estos instrumentos
debemos huir de Minos. Este rey no
pudo cerrar el aire, cerró todas las otras
vías; como el aire puedes surcar, rompe
los vientos con mis inventos. Pero no
debes dirigir la mirada ni a la muchacha
Tegea ni al acompañante del Boyero, ni a
Orión portador de insignia. Yo marcharé
abriendo camino, sígueme con estas alas
que te entrego. Cuídate de seguirme;
siendo yo el guía, estarás seguro. Si tran-
sitamos las etéreas brisas cercanos al sol,
la cera será incapaz de soportar el calor;
si impulsamos las ligeras alas cerca del
mar, la móvil pluma se humedecerá con
las aguas del ponto. ¡Vuela entre ambos
elementos! ¡Ten miedo también, hijo
mío, de los vientos! ¡Por donde te lleven
y soplen los aires, pon tu vela favorable
a ellos!». Mientras le advertía y aconse-
jaba, le ajustaba al muchacho el invento
y le enseñaba a moverse; lo instruye
como una madre ave a sus crías. Después, se acomoda las fabricadas alas en

sus hombros y, con miedo, a través del nuevo camino libera su cuerpo; ya dispuesto a volar dio besos a su pequeño hijo, y no pudieron los ojos paternos contener las lágrimas. Una colina menor que un monte, pero más alta que las llanuras campestres; desde aquí entregaron sus dos cuerpos a la desdichada fuga. Mueve Dédalo sus alas, mira las de su hijo y mantiene, a su vez, el rumbo. Disfruta del nuevo camino, y, depuesto el temor, Ícaro vuela más y más enérgico gracias al audaz invento. Alguien los vio, mientras pescaba con una trémula caña, y dejó su mano derecha la tarea emprendida. Desde la izquierda se veía Samos –habían pasado ya Naxos, Paros y Delos, amada del dios Claros–, por la derecha estaba Lebintos y el umbroso bosque de Calimne, y Astipalea, ceñida por aguas abundantes de peces, cuando el muchacho, demasiado temerario debido a su tierna edad, elevó su ruta y abandonó a su guía. Se deshacen las ataduras, la cera se derrite por estar cerca del sol, y ya sus brazos en movimiento no son capaces de mantener el rumbo de los ligeros vientos. Aterrado miró desde lo alto del cielo hacia los mares; la noche, portadora de un pávido espanto, llegó a sus ojos. Se había derretido la cera; agita Ícaro sus desnudos brazos, tiembla, y no tiene con qué sostenerse. Cayó, y en su caída dijo: «Padre, oh padre, me veo arrastrado». Las verdes aguas cerraron la boca del que hablaba. Y el infeliz padre –y ya no padre– grita: «¡Ícaro! ¡Ícaro!»; grita también: «¿Dónde estás? ¿Por dónde vuelas? ¡Ícaro!». Así gritaba, y vio sus plumas en el ponto; cubrió la tierra sus huesos, las aguas llevan su nombre. No pudo Minos frenar las alas del hombre y yo me propongo detener a un dios volador.

Se engaña quien acude corriendo a las artes Hemonias y entrega lo que coge de la frente de un potrillo. Ni las hierbas de Medea ni los cantos marsos mezclados con mágicos sonidos harán que el amor viva. Medea habría tenido a Jasón, Circe a Ulises, si pudiera el amor conservarse con algún canto. Y no daría a probar a las muchachas esos brebajes que las hacen palidecer: las pócimas dañan los espíritus y traen la fuerza de la locura.

¡Lejos de mí cualquier cosa nefasta! Para ser amado, serás amable; eso no te lo dará tu rostro o tu bella figura. Aunque seas Nireo, adorado por el antiguo Homero, y el tierno Hilas, raptado por el crimen de las Náyades, para que mantengas el amor de tu señora y no te sorprendas cuando te abandone, te aconsejo que añadas las dotes del ingenio a las veleidades de tu cuerpo. Es bien frágil la belleza corporal y, cuando se van sumando años, se hace menor y se desgasta. Y no siempre las violetas ni los lirios medio abriéndose florecen, y quedará la espina dejada tras abandonar la flor de la rosa; y a ti, guapo, te encanecerán los cabellos, y vendrán las arrugas que ararán tu cuerpo y tu rostro. Prepara tu ánimo para que perdure y ponlo con la belleza; solo permanece el espíritu hasta los últimos fuegos. No dejes de atender tu cultura con las artes liberales y aprende las dos lenguas, latín y griego.

No era guapo, sino elocuente, Ulises, y sin embargo hirió de amor a las diosas marinas. ¡Por cuántas veces se dolió Calipso de que aquel se apresurara a partir y negó que las aguas fueran aptas para el remo! Una y otra vez pedía que le narrara la caída de Troya; a menudo Ulises le contaba de distinta forma lo mismo. Se habían parado, en su caminar, en la costa; allí también la bella Calipso exige que le narre los cruentos hados del general Odrisio. Él con un ligero palo –pues por casualidad llevaba un palo– pinta su obra, lo que pide Calipso, en la espesa arena. Y dice: «Esta es Troya» –dibujó unas murallas en la arena–, «imagina que este es Símois, imagina que este es mi campamento. Había una llanura» –y dibuja la llanura– «por la que esparcimos sangre en la matanza de Dolón, mientras, vigía, desea los caballos hemonios. Allí estaban las tiendas del sitonio Reso, por aquí volví yo tras capturar de noche a los caballos», y pintaba muchas cosas, cuando, de repente, una súbita ola arrasó Pérgamo y los campamentos de

Reso con su general. Entonces la diosa dice: «¿Te fías de las olas, tú que vas a partir, que crees inspiradoras de confianza, cuando ves cuántos nombres tan grandes han borrado?». Así pues, ¡ea!, confía tímidamente en tu falaz belleza, quienquiera que seas, y ten en estima algo más que un cuerpo.

Sobre todo, la diestra indulgencia conquista las mentes, mientras que la aspereza mueve al odio y a las más crueles guerras. Odiamos al gavilán porque vive siempre en armas, y a los lobos que acostumbran a ir contra el temeroso rebaño; pero carece de las insidias de los hombres, porque es tierna, la golondrina, y el ave caonia tiene torres donde morar. Manteneos lejos, luchas y combates de la amarga lengua; el suave amor debe ser alimentado con afectuosas palabras. Que huyan por la lid las esposas de sus hombres y los hombres de sus esposas, y crean ellos que siempre están defendiendo pleitos judiciales; esto conviene a las mujeres, las riñas son dotes esponsales; que la amiga oiga siempre deseados ecos. Por orden de ninguna ley llegasteis a un mismo lecho: Amor en vosotros desempeñó su trabajo legislativo. Traed delicadas ternuras y palabras gustosas al oído, de modo que ella se alegre con vuestra llegada.

No vengo yo, preceptor del Amor, para los ricos; no es en absoluto necesario mi arte para el que puede regalar. Tiene consigo el ingenio quien, cuando quiere, dice: «Toma»; le dejo pasar; aquel gusta más que mis ingenios y artimañas. Yo soy el vate de los pobres, porque amé siendo pobre; como no podía dar regalos, regalaba palabras; que ame el pobre de forma cauta, que tema el pobre la maledicencia, y que soporte muchas cosas que no deben sufrir los ricos. Recuerdo que, estando enfadado, revolví los cabellos de mi señora; ¡ese día su ira me abstuvo de ella durante muchos días! No lo pienso, y tampoco lo percibía así, que le desgarrara la túnica, pero ella había dicho que sí y tuve que comprarle otra con mi dinero. Pero vosotros, si sois sabios, huid de las faltas de vuestro maestro y temed los daños de mi falta. Que los combates sean contra los Partos, con la amiga cuidada haya paz y broma y tenga todo lo que provoque el amor.

Y si no es suficientemente tierna ni dulce tu amada, persiste y sé insistente; de alguna manera se convertirá en dulce. La curvada rama se dobla desde el árbol con esmero; la romperás si pruebas tu fuerza en ella. Con esmero las aguas se atraviesan, y no puedes vencer los ríos si nadas en contra de la corriente; el esmero domará los tigres y los leones númidas, paulatinamente el toro se somete a los rústicos arados.

¿Quién hubo más áspero que Atalanta de Nonacria? Y, sin embargo, fiera, sucumbió a los méritos del marido. A menudo, cuentan, Milanión lloró bajo los árboles su desdicha y los crueles procederes de su muchacha; a menudo, a su mandato, llevó las engañosas redes en el cuello; a menudo hirió con fiera lanza a los torvos jabalíes. Y supo del feliz arco del cruel Hileo, pero había otro arco que le era más conocido. No te ordeno que subas armado los bosques del Ménalo ni lleves las redes sobre tu cuello, ni te ordeno que ofrezcas tu pecho a las arrojadas flechas; serán mis mandatos delicados para mi cauto arte.

¡Cede cuando te plante cara! Saldrás victorioso al ceder en tu postura; encarna solamente el papel que ella te ordene que hagas. Que discute, discutirás tú; que ella prueba algo, lo probarás tú también; lo que diga, lo dirás tú; lo que ella niegue, lo negarás. Si ha reído, ríete; si va a llorar, recuerda llorar tú también; que ella ponga las leyes a tu rostro. Ya juega y arroja los dados de marfil con su mano, tú los arrojarás de mala manera y se los darás después de una mala tirada; ya arrojes las tabas, que el castigo siga a la vencida, haz que a menudo te salgan los rabiosos perros; ya marche el peón bajo la imagen del ladrón, haz que tu soldado muera por el vítreo enemigo. Mantén tú mismo la extendida sombrilla con sus palos, haz tú un hueco entre la turba para que ella marche. Y no dudes en poner por delante un escabel en su cubierto lecho, y quita o ponle el calzado a su sensible pie. Con frecuencia también debes calentar en tu regazo la mano de tu congelada señora, aunque tiembles tú también de frío. Y no pienses que es algo vergonzoso –aunque lo fuera, lo gozarás– sostener el espejo con mano de hombre libre. Aquel que mereció el cielo que él mismo soportó antes, Hércules, fatigada su madrastra ofreciéndole monstruos, se tiene por cierto que sostuvo entre las muchachas jonias un canastillo y que cultivó la ruda lana. El héroe tirintio obedeció el mandato de su señora: ¡marcha ahora y duda en soportar lo que él sufrió!

Haz siempre por llegar más pronto de la hora acordada si te ordenó presentarte en el foro, y no te vayas de allí salvo después de mucho tiempo. Sal al paso a donde ella te había dicho, aplaza todo lo que tengas, sal corriendo y que la turba no demore tu emprendido camino. De noche, volviendo a casa, retornará exhausta de los banquetes; acude incluso en lugar de su siervo, si ella lo llama. Estará en el campo y dirá que vengas; Amor odia a los vagos; si te faltara el carro, toma el camino a pie.

Que ni el tiempo pesado ni la seca Canícula te retrase, ni la vía que se ha convertido en blanca a causa de las nieves.

El Amor es un tipo de milicia: ¡dejad paso, flojos! Estos estandartes no deben ser protegidos por varones timoratos. La noche y el invierno de largo camino, los crueles dolores y todo tipo de padecimiento están presentes en estos placenteros campamentos. A menudo soportarás la lluvia enviada desde la celestial nube y a menudo te echarás congelado sobre desnudo suelo. Se cuenta que Cintio apacentó las vacas de Admeto de Feras y se guareció en una humilde morada. Lo que fue decoroso para Febo, ¿para quién no lo será? Deshazte del orgullo, quienquiera que tengas la preocupación de conservar el amor. Si a ti se te niega marchar por lugares seguros y llanos y se te ha opuesto una puerta cerrada con cerrojo, déjate entonces caer desde el abierto techo, desde arriba; las altas ventanas ofrecen también furtivas vías de entrada. Se alegrará ella y sabrá que para ti es motivo de peligro; será esto una señal para tu señora de verdadero amor. Frecuentemente habrías podido, Leandro, carecer de tu muchacha; atraviesas a nado para que ella sea consciente de tus ganas de verla.

Y no sientas pudor por ganarte el favor de las siervas, la que sea primera en rango, ni el de los siervos. Saluda por su nombre a cada uno —nada vas a perder por hacerlo—, une sus humildes manos, ambicioso, con las tuyas; pero también al siervo que te lo pida —es un gasto leve— ofrécele pequeños regalos en el día de la Fortuna; entrégaselos también a la criada, en el día en que la tropa gálica, engañada por el nupcial vestido, sufrió los castigos. Haz que la plebe sea tuya, créeme; que siempre de tu lado esté el portero y quien yace delante de las puertas de su cuarto.

No te mando que entregues preciosos regalos a tu señora; dale unos pequeños, pero de esos pequeños procurarás, artero, los más aptos. Mientras el campo esté bien abundante en frutos, mientras las ramas se curven por el peso, que un esclavo lleve en un canastillo los rústicos regalos —podrás decir que los has enviado desde tu finca suburbana, aunque se hayan comprado en la Vía Sacra–; que lleve uvas o castañas que gustaban a Amarilis, pero que ahora ya no las ama. Aunque incluso le envíes un tordo o una paloma, serán prueba de que te acuerdas de tu señora. La esperanza de la muerte y la vejez sin parientes se compra vergonzosamente con estos presentes: ¡que mueran quienes tienen los regalos por un crimen!

¿Por qué te diré que también envíes refinados versos? ¡Ay de mí! No tiene mucha estima la poesía. Se elogian los poemas, pero se ansían más los grandes regalos; mientras sea rico, gusta incluso el bárbaro. En verdad ahora sí que son los siglos dorados, pues el mayor de los honores llega con el oro, el amor se concilia con oro. Aunque vengas acompañado de las Musas, Homero, si nada trajeras, márchate, Homero, fuera. Sin embargo, hay algunas muchachas doctas, la más extraña de las turbas; otra caterva de no doctas, pero que quieren serlo. Que se elogie a ambos grupos por medio de los poemas, que el lector recomiende los poemas, cuales sean, por su dulce sonido. Así pues, para estas o aquellas, un poema que ha obligado a pasar la noche en vela, quizá, sea como un pequeño regalo.

Pero haz que siempre te ruegue tu amiga lo que crees útil y estás dispuesto a hacer. Si prometiste la libertad a algún esclavo tuyo, haz que él la pida a través de tu señora. Si rebajas el castigo de un esclavo, si desatas sus crueles cadenas, lo que ibas a hacer, que ella te lo deba. Que la utilidad sea tuya, que el honor se entregue a tu amiga; nada pierdes, que ella personifique el papel de poderosa.

Pero a ti, cualquiera que seas que tienes la preocupación de retener a tu muchacha, haz que ella considere que te quedaste embelesado por su figura. Que lleva puesto algo de Tiro, alabarás su ceñido tirio; si lleva algo de Cos, valora que le sienta bien la tela de Cos. Va toda ella de oro: que para ti sea más preciosa que el mismísimo oro; si tomó algo de lana, aprueba la lana ya puesta. Si ante ti está con una simple túnica, grita: «¡Me enciendes!», pero pídele, con voz tímida, que se prevenga del frío. Si tiene el cabello separado en dos, alaba ese peinado; si se riza el pelo con el candente hierro, ¡cómo te gusta ese cabello rizado! Admírate de sus brazos cuando baila, de su voz cuando canta; y cuando haya cesado su actividad, ten palabras de queja. Deberás venerar las mismas uniones amorosas, por el placer propio emanado de las mismas, y por otras alegrías con tus palabras. Aunque sea más violenta que la torva Medusa, se hará suave y cariñosa para su enamorado. Tan solo, para que no te descubras, fingidor, en aquellas palabras, intenta que no se desvelen tus palabras por tu rostro. Si el arte se oculta, beneficia; cogido in fraganti provoca la vergüenza y destruye merecidamente la oportunidad de toda confianza.

A menudo bajo el otoño, cuando más bella se muestra la cosecha y la uva llena se enrojece con el purpúreo néctar, cuando a veces apremia el frío o a veces nos deshacemos por el calor, debido a este incierto aire los cuerpos languidecen. ¡Que ella esté bien! Pero si estuviera echada, enferma, y sintiera la debilidad debido al cambiante cielo, debes entonces manifestar tu amor y tu piedad a tu muchacha, siembra en ese momento lo que después cosecharás con la hoz llena. Que no te fastidie su desagradable enfermedad y con tus manos puedas hacer lo que ella te deje; que incluso te vea llorar por su desdicha, no te avergüence plantarle besos, y beba tus lágrimas con su seca boca. Haz muchos votos, pero todos a cielo abierto y en todas las ocasiones que puedas, y cuéntale lo que has visto en sueños felices. Que venga una anciana que purifique el lecho y el lugar y que traiga, en su temblorosa mano, azufre y huevos. Que sean muy evidentes para todos las huellas de tu querida preocupación; por esa vía llegaron muchos a figurar en los testamentos. A pesar de todo ello, no seas odioso en tus deberes para con la enferma, que haya medida en las muestras de tu cálido cariño. Tampoco le prohíbas la comida ni le ofrezcas bebedizos de jugo amargo; que tu rival haga la mezcla.

Pero no se debe emplear el viento cuando estás en mitad del ponto, vientos a los que entregaste las velas desde la costa. Mientras vaga un nuevo amor, que coja fuerzas con el uso; si lo nutres bien, se hará firme con el tiempo. Temiste a aquel toro que solías tocar cuando era ternero; el árbol bajo el que ahora te recuestas fue palo; nace pequeño, pero adquiere caudal en su avance y recibe el río muchas aguas allá por donde pasa. Haz que se acostumbre a ti, nada hay más fuerte que la costumbre, y no rehúyas ningún pesar cuando anheles poseerla. Que siempre te vea, que siempre quiera escucharte, que te observe el rostro de noche y de día.

Cuando en ti deposite tu amada una mayor confianza, tanto que desee buscarte, cuando lejos te encuentres y sea para ella motivo de preocupación, da un descanso; el campo que ha pasado un barbecho devuelve después buenos réditos, y la tierra árida absorbe las celestiales aguas. Demofonte ardió de amor hacia Filis, con moderación, cuando estaba presente; ella se abrasó más violentamente cuando puso las velas su amado a favor de viento; Ulises, sagaz, con su ausencia atormentaba a Penélope; tu Protesilao, Laodamía, estaba lejos.

Pero el breve retraso es el más seguro, las preocupaciones se vuelven menos pesadas con el paso prolongado del tiempo, y la ausencia se desvanece y entra un nuevo amor. Mientras Menelao estaba ausente, Helena, para no yacer sola, tuviste un huésped en la oscura noche y lo recibiste en tu cálido seno. ¿Por qué este estupor, Menelao? ¡Te fuiste solo, y bajo los mismos techos estaban tu huésped y tu mujer! Fías, enajenado, las tímidas palomas al gavilán, fías tu rebaño entero de ovejas al montaraz lobo. En nada te falló Helena, nada malo acomete este adúltero; aquel hizo lo que tú o cualquiera habría hecho. Obligas al adulterio poniendo en bandeja el momento y el lugar; ¿qué sucedió, salvo que la muchacha se sirvió de tu decisión? ¿Qué iba a hacer? Su hombre se ausenta y está presente un huésped elegante y teme yacer sola en el vacuo lecho conyugal. Debió de intuirlo el Atrida; yo absuelvo del crimen a Helena, pues se sirvió de la comodidad del caritativo esposo.

Pero ni el rojo jabalí es tan furibundo en medio de su ira, cuando con su explosiva boca hace rodar a los coléricos perros, ni la leona, cuando ofrece sus ubres a sus lactantes cachorros, ni la corta víbora herida por un pie desconocido, como la mujer que sorprende a otra en el lecho de su amado; arde y tiene en el rostro signos de su enajenada mente. Corre contra el hierro y las llamas y es llevada, depuesto su decoro, como golpeada con los cuernos por el dios Baco. Una bárbara del Fasis, Medea, se vengó, por medio de sus hijos, de la falta del marido y de los violados juramentos maritales; otra cruel madre es esta que ves, la golondrina; mira, lleva en su pecho la mácula de la sangre. Esto disuelve los firmes amores, esto despedaza las afianzadas relaciones; los cautos varones deben temer dichos crímenes. Mi censura no os agracia con una sola muchacha. ¡Que los dioses me guarden! Apenas puede aguantarlo la casada.

Divertíos, pero debéis ocultar el adulterio como si de un modesto hurto se tratara, no conviene buscar gloria alguna en esta falta. No regales algo que otra pueda conocer, y no haya un horario fijo para tus delitos pasionales. Y para que no te coja una querida en tus conocidas cuevas amorosas, no debes quedar con todas en un único lugar. Comprueba tú mismo antes todas las tablillas que escribes; hay muchas que leen más que lo que se les ha enviado. Una herida Venus mueve justas armas, arroja su cruel flecha y hace que te quejes de lo que ella se había quejado antes. Mientras el Atrida estuvo contento con una, también ella se mantuvo casta; las malas acciones del marido llevaron a Clitemnestra al pecado. Había oído que Crises, laurel en mano, además de las cintas sagradas, no obtuvo nada en favor de su hija; había escuchado, Briseida, tus dolores tras el rapto y las guerras que se alargan por las vergonzosas treguas. Esto solamente lo había oído, pero había visto a Casandra; el vencedor había sido avergonzado, botín de su propio botín. Después recibió en su corazón y en su tálamo a Egisto, y Clitemnestra se vengó del marido pecador con crueles formas.

Si, con todo, se acaban conociendo tus actos, que habías ocultado bien, aunque se hayan descubierto, tú niégalos todos. No te muestres en ese momento más dócil o tierno que de costumbre; estas señales dan muchas pistas de espíritus culpables. Pero ¡no dejes de follar! Toda la paz está en una sola cosa: con un polvo debe desmentirse la unión con otra mujer.

Hay mujeres que echan hierbas, la ajedrea por ejemplo, para vengarse, pero las considero venenos, o mezclan pimienta y pelitre amarillo molido en añejo vino con simientes de la desabrida ortiga. Pero la diosa que habita bajo la umbrosa colina donde reside el alto Érix no permite que se acuda así, obligado, a sus placeres. Que se tomen la blanca cebolla, que se envía desde la ciudad pelasga de Alcatoo, y la hierba salaz y los huevos, del jardín donde se crían, que se tomen asimismo las mieles himetas y los piñones que trae en su hoja el agudo pino.

Docta Erato, ¿qué razón tienes para volver tu mirada a las mágicas artes? Con el interior de mi carro debo rozar la meta. Tú, que ocultabas tus crímenes por indicación mía, cambia la ruta y descubre, por indicación mía, tus delitos. No se debe culpar mi ligereza: no siempre la cóncava nave transporta a los pasajeros con el mismo viento. En ocasiones corremos con el tracio Bóreas, otras con el Euro, a menudo hincha las velas el Zéfiro, otras el Noto. Mira cómo a veces en la carrera el auriga suelta las riendas y en otras retiene a los entregados caballos con arte.

Hay quienes se sirven, con ingratitud, de la tímida indulgencia y languidece su amor si no hay ninguna rival. Los ánimos en muchas ocasiones se vuelven arrogantes ante situaciones favorables, y no resulta fácil llevar las situaciones cómodas con ecuanimidad, igual que el ligero fuego desaparece poco a poco después de que se han consumido sus fuerzas, y la ceniza encanece desde el más alto fuego y, sin embargo, añadiendo azufre, encuentra de nuevo las llamas ya extintas y vuelve la fuerza que antes mostró. Así, cuando los pechos perezosos y seguros por la costumbre se abotargan, debe encenderse el amor con punzantes estímulos. Tienes que provocar el temor por ti para que así se avive su cálido ánimo; que ella empalidezca por el indicio de tu crimen. ¡Oh, cuatro veces sea feliz y cuantas innumerables ocasiones a quien la muchacha, herida, llora amargamente! Ella, en cuanto llega tu delito a sus oídos, que no quieren escucharlo, cayó, y la voz y el color huyeron de la desdichada.

Ojalá sea yo quien te arranque, enloquecida, tus cabellos; que sea yo quien vea heridas las mejillas por sus uñas, a quien ella vea con lágrimas en los ojos, a quien mire con torvos ojillos, sin el cual la muchacha no podría vivir, aunque quisiera. Si preguntas qué espacio hay que conceder para sus ofensas, herida ella, que sea breve, para que la perezosa ira no adquiera arrojo por la demora. Ciñe rápidamente su blanco cuello con tus brazos y acógela llorosa en tu seno. Besa a la lacrimosa dama, concede las alegrías de Venus a la lacrimosa. Así se firmará la paz, solamente así se disolverá su ira. Aunque sea bien cruel, aunque te parezca una verdadera enemiga, emplea ahí los pactos de amor; se convertirá en tierna. Allí habita la Concordia, depuestas las lanzas, y en aquel lugar, créeme, nació la Gracia. Aquellas que hace poco lucharon, las palomas, unen sus rostros y entre ellas su murmullo contiene ternuras y blandas palabras.

Al principio de las cosas había una mole confusa sin orden, y un solo rostro ostentaba las estrellas, la tierra y el mar. Después se puso el cielo sobre la tierra, el suelo se ciñó al mar y el inane Caos se dividió en diversas partes. El bosque recibió a las fieras, las aves se hicieron dueñas del aire, en el agua, peces, os recogisteis. Por entonces el género humano vagaba por los vacíos campos y era solo fuerza bruta y rudo cuerpo. El bosque había sido su casa, su comida la hierba, su lecho las ramas, y durante un tiempo nadie conoció a nadie. Se cuenta que el apacible Placer ablandó sus crueles ánimos. El hombre y la mujer habían decidido establecerse en un único lugar. Ellos aprendieron qué debían hacer, sin ningún maestro; Venus cumplió su afectuosa obra sin ningún arte.

Tiene el ave qué amar; encontró el pez hembra en medio del agua con quien unir sus gozos; la cierva sigue a su igual, la serpiente sostiene a una serpiente, se une la perra tras haber copulado con el perro; se queda alegre la oveja cubierta, también la vaca se alegra con el toro; la chata cabrilla sostiene a su inmundo macho; las yeguas se agitan furiosas y, movidas a través de lejanas tierras, siguen a los caballos, separados por el río. Así pues, ¡ea!, ofrece vigorosos medicamentos a la iracunda; aquellos solamente traen el descanso del fiero dolor, aquellos medicamentos superan a los brebajes de Macaón; cuando le pongas los cuernos, podrás con estos fármacos volver a sus placeres.

Cuando yo cantaba estas cosas, de repente se manifestó Apolo ante mí tocando con el pulgar las cuerdas de su dorada lira. En las manos llevaba laurel, y un laurel ceñía sus cabellos sagrados; el dios vino como debía aparecer un ser divino. Aquel me dijo: «Maestro del lascivo Amor, vamos, lleva tus discípulos a mis templos. Allí una inscripción, celebrada por su fama incluso en remotas tierras, ordena que cada uno se conozca a sí mismo. Quien se conozca a sí mismo él solo amará sabiamente y medirá sus fuerzas para cualquier acción. A quien la naturaleza le otorgó un bello rostro, que sea contemplado; a quien le dio un color llamativo, que se acueste frecuentemente con el hombro descubierto; quien guste con la palabra, que evite los taciturnos silencios; quien canta con brío, que cante; quien bebe con brío, que beba. Pero no declamen los disertos un largo sermón, ni el poeta enloquecido lea sus escritos». Así aconsejó Febo: ¡Obedeced a Febo que así aconseja! Debemos dar mucho crédito a las palabras emanadas de esta divinidad.

Me requieren para cuestiones más urgentes. Quien ame sabiamente, vencerá y alcanzará lo que busca desde mi arte. Los surcos no siempre devuelven con beneficios la siembra faenada, ni siempre los aires ayudan a las errantes naves. Lo que proporciona placer resulta exiguo, son más los motivos que causan sufrimiento a los amantes; que preparen su ánimo para todo lo que han de soportar. Cuantas liebres en el Atos, cuantas abejas liban en Hibla, cuantas bayas tiene el cerúleo árbol de Palas, cuantas conchas en la playa, así de innumerables son los dolores en el amor. Las flechas que sufrimos están humedecidas con abundante hiel. Si alguien te dice que tu amada ha salido, aunque tú quizás la hayas visto, cree a esa persona y ten por cierto que ella está fuera y que tú ves fantasmas. Si quedaste a una hora determinada y te cerraron la puerta, te aguantas, debes soportarlo, e incluso coloca tu cuerpo en el inmundo suelo. Quizá también una mendaz sierva te diga con el rostro soberbio: «¿Por qué asedia ese nuestras puertas?». Como suplicante de la cruel muchacha ablanda esas puertas y pon rosas en la puerta, quítatelas de la cabeza. Cuando quiera, entrarás; cuando te evite, te marcharás; conviene que los nacidos libres soporten estos tedios. ¿Por qué tu amiga podrá decirte «no hay modo de escapar de él»? No siempre su sentimiento será un obstáculo. No tengas por algo reprochable soportar las malas palabras ni los golpes de tu muchacha, ni vergonzoso llevar besos a sus tiernos pies.

¿Por qué me entretengo en minucias? Mi ánimo me insta a cosas mayores; cantaré cosas grandes. Estad alerta, pueblo, y prestad mucha atención. Me empeño en arduas empresas, pero no hay virtud si no son arduas; una intrincada labor se solicita con nuestro arte. Ten paciencia ante tu rival, te llevarás la victoria a casa, serás vencedor en el alcázar del gran Júpiter. No creas que esto te lo dice un hombre, sino las encinas pelasgas, nada tiene mi arte mayor que estas. Si ella te hace gestos con la cabeza, lo soportarás; si escribe, no toques esas tablillas; que venga de donde quiera y también vaya donde guste. Los maridos así se lo permiten a sus legítimas esposas cuando, tierno sueño, llegas tú también con tu oficio. Pero yo, te confieso, no soy perfecto en este arte; ¿qué haré? Soy yo inferior a mis consejos. ¿Acaso soportaré abiertamente a cualquiera que haga señales a mi muchacha y no podré desatar mi ira? Un hombre le había dado besos, lo recuerdo, a mi amada; me quejé de los besos recibidos; nuestro amor abunda en estas sandeces. Y no me ha dañado esta falta una sola vez; más sabio aquel a quien llegan otros varones para mediar (y medrar). Pero fue mejor no haber sabido; deja que se cubran los hurtos, para que no huya la vergüenza del fingido rostro, vencida por el delito manifiesto. Por ello, con más razón, jóvenes, dejad de sorprender a vuestras muchachas; que pequen, y pecando consideren que os han engañado. Creció el amor de los sorprendidos; cuando la fortuna de dos es similar, ambos persisten en la causa del daño.

Se cuenta una historieta conocidísima en todo el orbe celestial: Marte y Venus cogidos por las tretas maquinadas del dios Vulcano. El padre Marte, turbado por el loco amor hacia la diosa Venus, de terrible guerrero se había convertido en amante; y Venus –bien sabéis que no hay diosa más delicada que ella– no le puso dificultades al suplicante Gradivo. ¡Cuántas veces se rio, cuentan, lasciva, de los pies de su marido y de sus manos endurecidas por su arte y el fuego! En ocasiones imitaba abiertamente ante Marte a Vulcano, y encima seguía estando hermosa, y se mezclaban con su figura y gracia el encanto de todo ello. Pero al principio acostumbraban a ocultar bien sus uniones; existía la culpa aderezada con verecundo pudor. Por señal del Sol –¿quién puede engañar al Sol?– Vulcano se enteró de las adúlteras acciones de su esposa. ¡Qué malos ejemplos ilustras e iluminas, Sol! Solicita de ella una donación y, si callas, tiene lo que para ti pudiera darte. Mulcíber dispone alrededor y por encima del lecho unas oscuras cuerdas; la obra engaña a los ojos. Simula un viaje hacia Lemnos, llegan los amantes para cumplir su pacto y acaban ambos, después de su unión, unidos por lazos. Vulcano convoca a los dioses, los capturados ofrecen un gran espectáculo, se

piensa que Venus apenas pudo contener
sus lágrimas. No pueden cubrir sus rostros, no pueden, en fin, poner sus manos
ocultando sus partes pudendas. Alguien
dice riéndose: «Pásame tus cadenas, valerosísimo Marte, si para ti son una pesada
carga». Le costó a Neptuno convencer a
Vulcano de que soltara los cautivos cuerpos debido a tus súplicas; Marte ahora
ocupa la Tracia, ella Pafos. Después de
todo esto, Vulcano, lo que antes encu-
brían ahora lo acometen libremente,
y se ha marchado ya toda vergüenza.
A menudo, sin embargo, fuera de ti,
confiesas que actuaste estúpidamente,
y cuentan que te arrepientes de tu ira.
¡Que esto quede prohibido para vosotros!
La cogida Dione prohíbe facilitar aquellas insidias que ella misma sufrió. Y no
ofrezcáis redes al rival ni toméis arcanas
palabras anotadas con la mano. Que los
varones cojan a aquella, si consideraran
que debe ser capturada, a quien después
convierte en justos esposos el fuego y el
agua. Venga, de nuevo vuelvo a insistir,
nada se burla a no ser lo que queda fuera

de la ley; ninguna ínclita matrona sale en nuestros juegos.

¿Quién se atrevió a difundir entre los legos el rito de Ceres y los grandes rituales tracios descubiertos en Samos? Pequeña virtud es ofrecer el silencio a determinados asuntos, pero, por el contrario, resulta una grave culpa hablar de lo que se debe callar. ¡Oh, bien está que Tántalo, el charlatán, sin coger las manzanas del árbol, frustrado, arda de sed en medio del agua! Sobre todo, Citerea ordena que se callen sus ritos; te lo advierto, que no venga ante ellos ningún locuaz. Aunque los misterios de Venus estén ocultos en cestas y el cóncavo címbalo resuene con los delirantes golpes, sin embargo, entre nosotros están en el medio por el uso, pero que entre nosotros quieran permanecer ocultos. La misma Venus, cuantas veces se quita sus vestimentas, se cubre con la mano izquierda el pubis. Abiertamente y por todas partes se une el rebaño, a la vista también a menudo la muchacha vuelve su rostro. Convienen los tálamos y la puerta a nuestras uniones, y una parte, digna de vergüenza, se oculta bajo la vestimenta echada; y, si no las tinieblas, al menos buscamos algo de una nube opaca y algo menos que la luz del día. Entonces también, cuando todavía la teja no cubría del sol ni la lluvia, sino que la encina otorgaba comida y cobijo, en el bosque y en las cuevas, no bajo el mismo cielo, se unía el deseo; tan gran preocupación por el recato había en el rudo pueblo. Pero ahora inscribimos por doquier nuestros actos nocturnos y se compra a gran precio poder hablar. ¿Vas a enumerar a todas las muchachas, por todas partes, para poder decir a quien sea que esta «también fue mía»? ¿Para que no falten muchachas a las que tú puedas tocar con tus dedos, y a cualquiera que toques, pase ella a ser objeto de vergonzosos rumores? Me quejo de cosas nimias: disimulan algunos cosas que, de ser ciertas, terminarían por negar, y cuentan otros que se han acostado con muchísimas. Si no pueden tocar sus cuerpos, tocan los nombres, que sí pueden, y la fama tiene el delito sin el tocado cuerpo. ¡Marcha ahora, cierra las puertas, odioso guardián de la muchacha, y con cien duros cerrojos atranca las jambas! ¿Qué queda ya seguro, cuando permanece el adulterio solo de nombre y desea que se crea lo que no se ha tocado y lo que no existió? Nosotros también confesamos con parquedad los amores verdaderos y nuestras místicas uniones quedan cubiertas sólidamente por un acuerdo.

Dejad sobre todo de desaprobar los vicios de vuestras muchachas, disimular resultó útil para muchos. No fue objeción para Andrómeda el color de piel de Perseo, que fue móvil gracias a las plumas en cada uno de sus pies. Para todos fue vista Andrómaca más grande de lo normal; uno solo había, Héctor, que decía que era armoniosa. Acostúmbrate a lo que soportas mal y lo terminarás soportando bien; la vejez suaviza muchas cosas, pero al inicio el amor lo percibe todo en demasía. Mientras una nueva rama verde, injerta en la corteza, crece, sin embargo, si la golpea una ligera brisa, cae; después resistirá endurecida por el tiempo y los vientos, y firme ya el árbol dará riquezas venidas de fuera. El mismo tiempo quita todas las inmundicias del cuerpo, y lo que fue falta deja de serlo con el tiempo. Las narices de los potros rechazan soportar las pieles de los toros; con asiduidad y con tiempo el olor engaña a las fieras. Permite convertir en muelles los vicios con los nombres; se llamará «morena» a quien resulta más negra que la pez de Iliria; si resulta estrábica, será similar a Venus; si de torva mirada, a Minerva; será grácil quien por su delgadez apenas casi pueda estar viva; di que es armoniosa quien es baja; turgente, a la gorda; y oculte el vicio el atributo más cercano.

Y no preguntes cuántos años tiene ni en qué consulado nació, tarea que toca al rígido censor, especialmente si carece de la flor de la juventud, ha pasado su mejor momento y peina ya las primeras canas. Útil, oh jóvenes, resulta esta edad o una incluso mayor; ese campo traerá frutos, ese debe ser cultivado. Mientras las fuerzas y los años lo permitan, sufrid esas molestias, ya llegará con silencioso pie la curvada vejez. Hundid el mar con los remos o las tierras con el arado o añadid armas fieras a vuestras beligerantes manos o entregad a las muchachas vuestro costado, vuestras fuerzas y vuestro esfuerzo; esto también es milicia, esto también procura riquezas. Añade que la pericia del trabajo es mayor en ellas, y está presente la experiencia, única artífice de quien lo ejecuta. Ellas maquillan con mucho cuidado los daños de la edad y hacen por no parecer viejas; como gustes, adoptan mil figuras para hacer el amor; ninguna tablilla encontrará tantas posturas. Con ellas se siente el deseo, sin ser provocado previamente; lo que gusta, así ambos lo disfrutan, tanto el hombre como la mujer. Aborrezco las uniones que no compensan a las dos partes; esta es la razón por la que menos me toca el amor de un efebo. Aborrezco también a la que se entrega porque sea necesario entregarse, y, sin ardor amoroso, piensa ella en las labores que después debe acometer. Lo que se da por deber no me resulta un grato deseo; que ninguna muchacha me satisfaga por obligación. Me gusta escuchar sus voces, confesoras de sus placeres, y que me ruegue que vaya más despacio y que aguante; que vea yo los ojos vencidos de mi enloquecida señora; que languidezca y me prohíba tocarla durante más tiempo. La naturaleza no entregó estos bienes a la primera juventud, sino que acostumbran a venir justo después de los siete lustros. Quienes se apresuran, que beban mostos recién cogidos; a mí que me derrame el envejecido mero guardado en vasijas de antiguos cónsules. No puede obstaculizar a Febo el plátano, a no ser ya maduro, y los nuevos prados dañan los desnudos pies. ¿Es que puedes poner a Hermíone delante de Helena, y era mejor Gorge que su madre? En fin, quienquiera que desee tocar a una Venus ya mayor, si persevera, obtendrá dignos premios.

Mira, un consciente lecho recibió a dos amantes; resiste, Musa, fuera ante las puertas cerradas del tálamo. Por propia voluntad, sin ti, hablan celebérrimas palabras y la mano izquierda no yacerá ociosa en el lecho. Los dedos encontrarán el papel que representar en aquellas partes en las que Amor tiñe ocultamente con sus flechas. Lo hizo antes en Andrómaca el valerosísimo Héctor y aquel no fue solamente útil en las guerras; el gran Aquiles lo hizo también con la cautiva Lirneside, cuando oprimía el muelle lecho cansado del enemigo. Y dejabas que te tocara con aquellas manos, Briseida, que siempre estaban manchadas por la muerte frigia. ¿O es que era esto mismo lo que te gustaba, lasciva, que las manos vencedoras llegaran a tus miembros? Créeme, no se debe apresurar el placer de Venus, sino que se debe procrastinar con tarda dilación. Cuando hayas encontrado los lugares en que la mujer guste de ser tocada, que no sea el pudor un obstáculo para que la toques menos. Mirarás con trémulo fulgor sus ojos brillantes, como el sol a menudo brilla desde la líquida agua; llegarán los quejidos, llegará el amable murmullo, los dulces gemidos y las palabras aptas para el juego. Pero no quieras dejar a tu señora empleando mayores velas, ni ella te anteceda en tu travesía; apresuraos a la vez a la meta; entonces el deseo es pleno, cuando por igual yacen ya vencidos la mujer y el hombre. Debes conservar esta máxima, cuando tienes la oportunidad de gozar de tiempo suficiente, y no cuando el temor urge a una furtiva empresa; cuando la tardanza no es segura, útil resulta arrojarse con todos los remos y clavar la espuela en el caballo que está suelto.

Llega el fin de mi obra. Otorgadme la palma, querida juventud, y traed a mi olorosa cabellera una guirnalda de mirto. Cuanto era Podalirio ante los dánaos con el arte de la medicina, la diestra del Eácida, Néstor por su conocimiento, cuanto era Calcante por las vísceras, el Telamonio en las armas, Automedonte en el carro, tan grande sea yo como amante. ¡Celebradme, varones, como vate y pronunciad alabanzas sobre mí! Que se cante mi nombre por todo el orbe. Os di las armas, Vulcano se las había dado a Aquiles; venced con los regalos que os he dado, como él también venció. Pero, cualquiera que superó con mis armas a una Amazona, que inscriba sobre sus espolios: «Nasón fue mi maestro».